2021유네스코세계기념인물김대건신부탄생200주년기념이문희포토포엠**그 길 에 서 다**

2021 유네스코 세계기념인물 김대건 신부 탄생 200주년 기념 이문희 포토포엠 그 길에 서다

그 길에 서다

2021 유네스코 세계기념인물
김대건 신부 탄생 200주년 기념

그 길에 서다

詩와 사진으로 떠나는 **버그내순례길**

이문희 사진+글

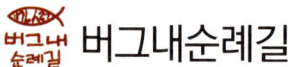 # 버그내순례길

송산리

솔뫼성지

• 합덕버스터미널
• 합덕읍사무소

4.4km

합덕리

합덕제

도리

합덕성당

석우리

원시장 원시보 우물터

2km

1.7km

합덕제중수비

합덕읍

대전리

1.7km

무명순교자의 묘

신석리

백미저수지

2km

세거리공소

하흑공소

1.8km

신리성지

0.9km

1.6km

상궁리

거더리공소

N S

| 책을 내면서 |

천천히, 여유로운 시간을 살자고 생각합니다. 강의하고 사진 찍고 글 쓰고 딱 세 가지만 하겠다고 마음먹었습니다. 어쩌면 그 마음먹은 것조차 굴레일 수 있겠다 싶습니다.

충남문화관광해설사 동기로 만나 시작된 소중한 인연으로 자주 가는 곳이 당진입니다. 내 지역 바로 알고자 시작한 역사 공부로 내포 지역의 천주교 역사와 초기 한국 천주교의 수난에 대해 알게 되었습니다.

솔뫼성지를 비롯하여 공소를 몇 년 동안 돌아보며, 신분 차별 없는 평등한 세상에 가치를 둔 김대건 신부의 숭고한 생각이 감동을 주었습니다. 고요한 소나무 숲을 거닐며 생각에 잠기는 솔뫼성지와 낡고 볼품없어 보이는 작은 공소에서 죽음을 이기고 여전히 살아 있는 순교자들을 만났습니다.

버그내순례길을 순교자들과 함께 걸으며 길에서 만나고 느꼈던 순간들을 카메라에 담고 글을 쓰게 되었습니다. 낯선 발걸음을 경계하는 강아지도 만나고 담 밑에 피어 기다리던 백일홍도 만나고, 길가에

버려진 늙어버린 호박을 보면서 나의 삶도 돌아보았습니다. 낡고 스러져가면서도 순교자들의 흔적을 고스란히 안고 지탱해 온 공소의 지붕은 그 길을 가야만 했던 순교자들의 삶과 다르지 않았습니다.

그 어느 때보다 힘든 시기인 요즈음, 순교자들이 모든 것을 포기하고 얻고자 했던 것이 무엇이었을까를 생각하며, 현재를 살아내기 위하여 내가 포기해야 하는 것과 또 꼭 붙잡아야 하는 것이 무엇인지 깊이 생각하고 또 생각했습니다. 작은 한숨에도 귀 기울이고, 희미한 그림자에도 눈길을 거둘 수 없었던 순례길이었습니다.

미약한 저에게 격려의 말씀으로 힘을 주신 솔뫼성지 이용호 바오로 신부님과 내포교회사연구소장 김성태 요셉 신부님께 감사 말씀 드립니다.

그리고 문학의 길을 함께 걷고 있는 산사시문학회 문학동지들께도 감사 인사드립니다. 저의 사진과 글을 정성스럽게 묶어주신 문화의힘 이순옥 대표께도 감사드립니다.

2021년 8월 1일
이문희 적음

| 축하와 감사의 글 |

    2021년 유네스코 세계기념인물로 선정되신 성 김대건 안드레아 신부님의 탄생 200주년을 기념하여, 성 김대건 안드레아 신부님의 탄생지인 솔뫼성지를 비롯, 순교자들의 삶이 점철되어 있는 '버그내순례길'을 순례하시며 만난 순교자들의 모습을 정갈한 사진과 순수한 문체로 아름답게 표현해 주신 이문희 선생님의 『그 길에 서다』를 만났습니다.
    한 단어 한 단어 절제된 글을 읽고, 한 컷 한 컷의 사진들을 바라보며, 결코 한 번에 이루어진 글과 사진들이 아님을 볼 수 있었습니다. 수 없이 이 순례길을 걷고 바라보았지만, 제가 볼 수 없었던 것을 바라볼 수 있게 해주는 사진들이었고, 제가 깊이 느낄 수 없었던 감정들이었고, 제가 미처 만나지 못했던 순교자들의 모습을 만날 수 있는 계기가 되었습니다. 다시 그 길 위에 서서 순례하는 시간이 될 수 있었습니다. "듣고 또 들어도 깨닫지 못하고 보고 또 보아도 알아보지 못하는"(마태오 13,14) 저의 모습을 질책하는 글이었고 사진들이었습니다. 이런 소중한 시집을 내주신 이문희 선생님과 도서출판 문화의힘 관계자분들에게 감사의 인사를 올립니다.

물리적이고 공간적인 순례길을 넘어 인생의 순례길까지 생각하고 묵상할 수 있는 좋은 시간이었습니다. 인생이라는 순례길에서 좋은 사람을 만남은 또 다른 저의 행복한 시간들입니다. 또한 좋은 책을 만나는 시간도 큰 기쁨입니다. 행복한 시간을 선물해 주셔서 고맙습니다. 이 행복의 시간이 다른 많은 분들에게도 전해지길 희망해 봅니다.
　끝으로 제 삶의 방향성을 또다시 바라보게 하는 '구도'라는 선생님의 시를 떠올리며 맺을까 합니다.

"순례길에서 만난 … 순교자들
삶에서 얻고자 한 것은 무엇인가
길에서 답을 구한다"

2021년 8월 1일 솔뫼성지에서
이용호 바오로 신부

| 차례 |

책머리에

축하와 감사의 글 이용호 바오로 신부

하흑공소

꽃의 말 _ 16 아랫검은들 _ 18 흔들리는 여정 _ 20 이끌림 _ 22

세거리공소

엄마의 휴식 _ 24 아버지 _ 26 개나리 편지 _ 28
감자꽃 _ 30 동행 _ 32

거더리공소

내 탓 _ 36 동지 _ 38

신리성지

낯선 초행길 _ 42 삼형제의 합창 _ 44 조선의 카타콤바 _ 46
매듭을 푸시는 어머니 _ 48 비밀 요새 _ 50

무명순교자의 묘

감춰진 흔적 _ 52 무명 순교자의 묘 _ 54 구도 _ 56

원시장 원시보 우물터
    생명의 샘 _ 60 버그내순례길 _ 62 쉬지 않고 가는 길 _ 64

합덕제중수비
    위로의 말씀 _ 66

합덕성당
    나는 항상 거기에 _ 70 화양연화 _ 72 용서 _ 74
    키리에 엘레이손 _ 76 순례자의 쉼터 _ 78 느티나무 파수꾼 _ 80

합덕제
    길 _ 82 순종 _ 84 삼종기도 _ 86 공존 _ 88 못자리 _ 90
    강보 _ 92 하늘 향한 꿈 _ 94

솔뫼성지
    고독한 길 _ 98 세상 끝의 집 _ 100 솔뫼성지의 가을 _ 102
    만개 _ 104 허락된 시간 _ 106

에필로그

 하흑공소

순례의 시작

버그내순례길은 솔뫼성지에서 시작하여 이곳 하흑공소에서 마치는 것으로 되어 있으나 아직 온전한 신앙을 가지지 못한 나는 이곳 하흑공소에서 시작하여 솔뫼성지에서 마치기로 하고 이곳을 출발지로 잡았다.

하흑은 '아랫 검은들'을 뜻하며 조선시기부터 간척사업이 이루어졌던 마을의 유래와 관련이 있다.

하흑공소는 복자 김사집 프란치스코를 기념한다. 본래는 마을 안에 있었으나 1980년대에 그 자리에 길이 나면서 현재의 자리로 이전했다.

공소의 안내표지판이 눈에 들어온다.

복자 김사집 프란치스코는 이곳에서 멀지 않은 '비방구지' 출신으로 가난한 사람들을 돌보며 교회서적을 필사하여 나눠주었다는 말과 함께 "검은 갯벌을 일구어 옥토를 만든 것처럼 복자는 그의 애덕과 기도로 이 땅을 신앙의 옥토로 만들어냈다."는 말이 가슴에 들어와 박힌다.

신앙의 신비여!

하흑공소 사계, 봄

꽃의 말

억만 떨기의 꽃송이
새벽보다 더 일찍 눈을 떠
한 자 한 자 눌러쓰는 손길 따라
구름 되어 전하는
비밀의 말씀

▬ 하흑공소 사계, 여름

아랫검은들

방황하던 꿈을 깨트리고
새로운 우주를 여는
문 앞에 서 있다
지금,
여기

하흑공소 사계, 가을

흔들리는 여정

너였니
망설이고 있는 가을을 흔든 이
풍요의 들판 한가운데서
가장 초라한 모습으로 떨고 있는
너는 바로 나

하흑공소 사계, 겨울

이끌림

네 개의 계절이 지나는 동안
당신의 인도로 여기까지 왔습니다
하얀 물결 일렁이는 들판에서
마주한 나
당신을 만나러 갑니다

세거리

엄마의 휴식

색 바랜 옷들이
말을 걸어왔다
밭일 걱정하지 말고
이제 좀 쉬어도 된다고

세거리공소

아버지

온몸으로 지탱해 온
가장의 무게
삭아지고 녹아도 흔적은 남아
신앙의 약속으로
바치는 고해성사

세거리 마을

개나리 편지

언제 올까 전화하니
오래전 출발은 하였다는군
조급하여 참지 못하고
봄의 문 열었더니
이미 와 있는 당신

 세거리공소

감자꽃

허기를 지탱해 준 하지감자
자주꽃에 내려앉은 세거리의 아린 맛은
주렁주렁 딸려 나오는 믿음의
핵알맹이가 열렸습니다

━━ 세거리공소, 종각

동행

녹슨 울음
낡은 목소리가 전하는
간절한 기도
당신의 부르심 따라
여기까지 왔어라

▬ 거더리공소

소박한 아름다움이 있는 거더리공소

버그내순례길에서 만나는 거더리 공소는 외갓집에 온 것처럼 푸근하다. 공소로 사용되었던 건물의 건립 시기가 1923년경으로 추정되니, 이 작은 집이 100년의 세월을 견뎌온 것이다. 구석구석에서 세월의 흔적을 고스란히 느낄 수 있다.

공소의 아름다움은 소박함이다. 화려하게 꾸미지 않은, 작고 소박한 아름다움이 주는 친근함이 좋다. 다만 무너질까 걱정되는 낡은 기둥과 색바랜 슬레이트 지붕이 안쓰럽다.

오래된 공소 건물에서 순교자들의 기도소리가 들리는 듯하다.
그리고 스러져 가는 낡은 기둥과 기와를 보면서 생각한다.
목숨을 저버리면서까지 지키려고 하였던 것이 무엇이었을까.
왜 그토록 고단한 삶을 살아야 했을까 하는 질문을 한다.
수많은 순교자들의 노력과 평등하게 살려고 했던 신앙의 중심이 잘 이어져 내려오고 있는지 다시 생각해보는 순례의 길이다.
신앙의 중심을 잘 잡고 지켜나가듯이, 스러져 가는 공소의 건물도 잘 다듬으면서 지켜야겠다. 그리하여 이곳을 모태로 순교의 길을 걸어간 순교자들의 삶이 오래 기억되게 해야겠다.

 거더리공소

내 탓

당신 가슴 새카맣게 탄 것은 내 탓
다시 시뻘겋게 녹슨 것도 내 탓
속이 거덜나도록 숨겼던 아픔
그래도 당신이 받아준다면
여기, 거더리에서 만나고 싶어요

 거더리공소

동지 同志

한 가지에 뭉친 꽃송어리
오랜 시간 묵힌 약속
우리는 동지인가요
같은 빛깔 같은 향기
함께 가는 길이 대답이어요

신리성지

아름답고 성스러운 신리성지

한국 천주교의 대표적인 성지 중 하나인 신리성지는 넓고 평화로운 내포평야 들판에 아름다운 모습으로 자리하고 있다. 사진 찍기 좋은 장소로 사진작가를 비롯하여 많은 사람들이 찾는 곳이다.

신리성지는 조선에 천주교가 어떻게 뿌리를 내리게 되었는지 알 수 있는 중요한 장소이다. 프랑스 선교사들에게 신리는 처음 조선 땅을 밟는 시작지이고 비밀 입국처였다. 신리 마을은 주민이 모두 교인이었던 곳으로 선교사들에게 가장 중요한 교우촌이었다.

조선의 카타콤바로 유명한 신리성지는 1866년 제5대 조선교구장 다블뤼 안토니오 주교가 한국 천주교회사를 위한 비망기를 집필한 곳이고, 다블뤼 주교 유적지로 충청남도 기념물 제176호로 지정되었다. 성인들의 경당도 있고 순교미술관이 있어서 천주교가 뿌리내리기 위하여 얼마나 많은 박해와 고통으로부터 견뎌냈는가를 알 수 있다.

너른 들판에 우뚝 솟아있는 신리성지의 십자가는 이 시간을 힘들게 살아가고 있는 나약한 자들에게 '다 내게 오라! 그러면 위로해 줄 것이다.' 하는 것 같다. 신리성지의 푸른 전경은 버그내순례길을 걸으며 느끼는 위안이고 평온함이다.

"저는 어려서부터
가르침을 받아
천주교 신앙이
골수에
새겨졌습니다."

━ 신리성지

낯선 초행길

"저는 어려서부터 가르침을 받아 천주교 신앙이 골수에 새겨졌습니다"

저는 이제야 그 자리에 섰습니다

삼형제의 합창

안드레아, 토마스, 프란치스코 사베리오 삼형제
마카오 먼 곳으로 사명 따라 떠났네
먼저 거두어 가시는 것도 하느님의 뜻
씨앗으로 싹 틔운 것도 하느님의 섭리
삼형제의 합창 소리 여전히 울리네

*김대건 안드레아, 최양업 토마스, 최방제 프란치스코 사베리오

 신리성지

조선의 카타콤바

바람 한 점 없는 눈 사막
신리성지에 묻혀 있는
고요한 메아리

당신이 천주교인이오?

***당신이 천주교인이오?** 한국천주교회는 2021년을 '성 김대건 안드레아 신부님 탄생 200주년 희년'으로 선포하고 주제를 "당신이 천주교인이오?"로 정했다. 이 질문은 김대건 신부가 옥중 취조 때 받았던 질문인 동시에 신앙인 각자에게 던지는 질문이기도 하다.

 신리성지

매듭을 푸시는 어머니

아들 군대 보내 놓고
뉴스에 군 자만 나와도
어미의 기도는 그대로 엉켜 버립니다
모든 순교자의 어머니여
삶의 매듭을 풀어 주소서

신리성지

비밀 요새

풀 바다 구름 파도
바람이 숨은 은신처로
어서 오라 손짓하는
침묵의 십자가

무명순교자의 묘

감춰진 흔적

보이지 않는다고 없는 것은 아니지
이름 없는 순교자의 무덤 앞에
저절로 고개 숙이니
조용히 말 걸어 오는
깨진 묵주 한 알

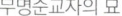 무명순교자의 묘

무명 순교자의 묘

아픔을 시간에 묻어두었어요
이름 없이 피어 있는
하얀 당신
희년에 찾아온 흔적이었어요

 무명순교자의 묘

구도 求道

생각은 길을 떠나게 하고
묵상은 길에 서게 하였다
순례길에서 만난 이름 없는 순교자들
삶에서 얻고자 한 것은 무엇인가
길에서 답을 구한다

■ 원시장 원시보 우물터

성동리 우물

추운 겨울날 아침. 오래된 샘물에서 그들 형제의 고백을 듣는다.
이미 모든 것을 당신께 바쳤습니다.
변함없이 이 자리에 있을 겁니다.

성동리는 죽음 앞에서 담대할 수 있었던 내포지역의 첫 순교자 원시장 베드로의 고향이며 사진 속 장소는 원시장 베드로와 원시보 야고보 형제의 고향 우물이다.
그리고 성동리는 한국천주교 초창기 역사상 최초로 경당(집회소)까지 마련하고 신앙을 지켰던 마을이다.
원시장은 끝내 배교하지 않고 홍주감옥에서 온몸에 물을 부어 얼음덩어리가 되어 순교하였다.
이 우물은 거룩한 순교자들의 육신과 영혼을 지켜주었던 생명의 우물이다.

원시장 원시보 우물터

생명의 샘

순간의 고통을 이기고
영생의 갈증이 밀려들 때
지친 영혼을 적셔주던 샘물은
신앙의 조상들이 부르는 노래입니다

원시장 원시보 우물터

버그내순례길

생의
가치를
찾아 걷는 길
나를 찾는 순례

원시장 원시보 우물터, 순례자들

쉬지 않고 가는 길

동행을 만나 지혜를 얻고
때론 생채기도 얻는다
완전한 나를 찾아
쉼 없이 가고 있는
이 길의 끝은 어디인가

위로의 말씀

합덕제 중수비

먼 길 걸어오신 당신

　　　　많이 지쳤군요

　　　　　　여기로 와요

　　　　　　　　늘 이 자리에 있을게요

합덕성당

친구 같은 합덕성당

합덕성당은 순례가 아니라도 가끔 들르는 곳으로 언제 가도 평온함과 위로가 있다.

성당 정면에 쌍으로 서 있는 종탑이 특이하고, 외벽의 붉은 벽돌이 고전적인 느낌을 주어 인상적이다.

성당을 한 바퀴 걸으며 사색하는 것도 좋고 성당 측면을 먼발치에서 바라보는 것도 특별한 느낌을 준다.

고등학생 때 이 동네에서 살던 친구가 있었기 때문인지 합덕성당에 오면 친구와 함께했던 오래전 기억이 떠오른다. 오래전 모습을 간직하고 있어 변치 않는 친구처럼 든든하다.

합덕성당은 가톨릭 신자들에게도 의미 있는 장소이겠으나, 신자가 아닌 사람들에게도 소중한 장소이다.

힘들고 지쳐 있을 때 합덕성당의 종소리를 들으면 무한 위로에 빠져든다. 버그내순례길에서 만나는 합덕성당은 오랜 친구를 만난 것처럼 반갑다.

합덕성당, 벚꽃

나는 항상 거기에

지나간 봄의 자리
꼭 닮은 봄이 와 있다
다음 꽃 필 즈음 또 오겠지
변하는 것은 변덕스러운 마음뿐
내 안에 언제나 봄이 있는 그 자리

합덕성당, 가을

화양연화

봄날의 화려했던 벚꽃
천둥 번개 온몸으로 받아
잘 익은 가을이 되었다
나의 날도 가을이다

합덕성당, 베드로의 닭

용서

괜찮아 괜찮아 괜찮아
비로소 어둠을 뚫고 들리는
새벽닭 울음 소리에
다시 일어서 옷깃을 여민다

합덕성당, 십자가

키리에 엘레이손

퉁퉁 불어 벗겨지는 허물
수술 장갑 속의 쭈글쭈글한 손
어둠의 터널을 지나는 팬데믹의 시간

주여! 우리를 불쌍히 여기소서

합덕성당, 가을

순례자의 쉼터

오랜 시간을 품고 있는 나무 그늘
피곤한 여정 풀어 놓는다
종소리가 은은하게 건네는 말
삶의 속도보다 느리게
가끔은 쉬어주라고

합덕성당, 눈 내린 풍경

느티나무 파수꾼

가쁜 숨 토해내는 순례의 돌계단
마침내 딛고 올라선 너른 마당
침묵의 고독 경계하며
시간을 매듭짓는
믿음의 파수꾼

합덕제, 초봄

길

넘어지고 부딪히고 찢어진
상처투성이 막막한 길
일단 멈춤하고
뒤돌아보는
내 안의 또 다른 길

합덕제, 봄

순종

매 순간 흔들립니다
또렷한 것은 아무것도 없습니다
비틀거리는 나를 잡아주는 당신의 손길
흔들리는 마음이라도
받아 주소서

합덕제, 봄

삼종기도

봄이 내려앉은 합덕제에
종소리 울리면
순례하는 백로 한 쌍 가던 길 멈추고
종 소리 따라
삼종기도 올린다

합덕제, 연밥과 연잎

공존

평등한 수면 위로 내려앉은 청년의 말씀
이백 년 여정의 안개 조각들 모여
어제의 나와 오늘의 내가 만나는 하늘 밑
지구 몇 바퀴 돌아온
젊은 사제의 염원

합덕제, 연잎

못자리

쩍쩍 갈라진 등판에
촉촉하게 스미는 성당의 종소리
물 고인 자리에
볍씨 한 알 떼구르르
신앙의 못자리가 되었어라

합덕제, 연꽃

강보

간절한 떨림 후에 다가온 너
눈물로 감싸 안는다
네가 지키려 했던 불씨 하나
흠결 없는 강보에 감싼다

합덕제, 가을

하늘 향한 꿈

하늘길 가고 싶어요
걸어서는 너무 멀어 갈 수 없나요
KTX도 새마을호도 안된다네요
자전거는 갈 수 있을까
딸에게 자전거 빌려 두었어요

솔뫼성지

마카오로 간 청년

1821년 8월 21일 솔뫼에서 태어난 김대건은 한국 최초의 사제가 되었다.

탄생 200주년이 되는 2021년 올해, 유네스코 세계기념인물로 선정되어 기념하고 있다.

15살 김대건은 은이공소에서 모방 신부에게 신학생으로 선발되어 마카오 유학길에 올랐다. 어린 대건이 간 길은 아무도 가지 않았던 미지의 길이었다.

십대 청소년이었던 대건에게 첫발을 내딛도록 용기를 주고, 사명을 따르게 한 그 무엇, 그를 인도하는 그 누구에 대해 솔뫼성지에서 생각한다.

소나무 숲에서 들려오는 믿음의 이야기가 귀를 간질인다. 바람에 날리는 솔잎 하나가 신앙의 보금자리를 튼 이 곳 솔뫼성지에 25살의 청년 김대건이 있다. 그가 꿈꾸던 신분 차별 없는 평등한 세상은 왔는가?

김대건 신부 생가에 활짝 핀 봄꽃에게 그 대답을 들어 본다.

솔뫼성지

고독한 길

지친 걸음 달래며
고개를 들어 보니
나 혼자 온 길이 아니었어요
나의 카메라 가장 중심에
바로 당신이 함께했군요

솔뫼성지

세상 끝의 집

묶여 있는 마음의 문
열기란 쉽지 않아요
세상 모든 것에 이방인일 수 있거든요
당신의 말씀으로
문 열고 나갑니다

솔뫼성지, 십자가의 길

솔뫼성지의 가을

침묵이 말하는 안개 숲에
눈빛으로 전하는 위로의 공기
먼 길 걸어오느라 수고했다고
이제는 쉬어라 한다

솔뫼성지, 생가의 봄

만개

프란치스코와 안드레아
두 분이 나누는 두런거림
매일 듣고 자라는 믿음 성장판
꽃 되어 전하는
복된 소식

솔뫼성지, 김대건 안드레아 신부님과 대화하는 프란치스코 교황님

허락된 시간

시간은 그리 많지 않아요
진리를 향한 끝없는 갈망
우리 만나요
꽃비 다 흩어지기 전에

솔뫼성지

에필로그

하루 해가 지고 있다.
이제 집으로 돌아가야 할 시간. 멀지 않은 길을 오랜 시간 걸었다.
누군가의 위로의 말 한마디가 눈물짓게 하는 요즘,
아니, 말하지 않고 들어만 주어도 힘이 되는 요즘이다. 이런 어려운 시기에 김대건 신부와 순교자들의 삶을 더듬고 묵상하며 걸었던 버그내순례길은 나에게 커다란 위로의 시간이 되었다.
한국 가톨릭의 밑거름이 된 순교자들이 목숨을 저버리면서까지 얻고자 했던 그 의미를 찾고자 시작한 길이었지만 순례길을 걸으면서 나를 돌아보고 나를 다시 찾는 시간이 되어, 오히려 귀한 선물로 되돌아왔다.
하흑공소에서의 첫 걸음부터 한 발 한 발 걸어오면서 쌓인 많은 이야기들을 이곳 솔뫼성지에 와서 풀어놓고 이제 일상으로 돌아가는 마지막 걸음을 뗀다.
코로나도 물러가 대한민국 모두의 일상으로 돌아가기를 소망한다.

사진으로떠나는 버그내순례길

그 길에 서다

인쇄_ 2021년 7월 28일
발행_ 2021년 8월 01일

지은이_ 이문희
펴낸이_ 이순옥
펴낸곳_ 문화의힘

출판등록_ 364-0000117
주소_ 대전 동구 대전천북로 30-2
전화_ 042-633-6537 팩스_ 0505-489-6537
이메일_ mh6537@daum.net

지은이 이메일_ lynn6041@hanmail.net
ⓒ 이문희, 2021

ISBN 979-11-87429-67-8

* 저자와 출판사의 서면 허락 없이 사진 및 글을 무단 도용하거나
  발췌하는 것을 금합니다.
* 잘못된 책은 구입하신 곳에서 교환해 드립니다.
* 본 도서는 충청남도와 충남문화재단의 후원으로 발간되었습니다.

값 15,000원

2021유네스코세계기념인물김대건신부탄생200주년기념이문희포토포엠 그 길에 서 다

2021 유네스코 세계기념인물 김대건 신부 탄생 200주년 기념 이문희 포토 포엠 **그 길에 서다**